Des Bases Solides
Comment maîtriser les bases de la photographie facilement ?

Collection - Photographe Facile -

par Johan Pommelec

Septembre 2018
Image J.P Wanshot ©

PhotographeFACILE.fr

Wanshot.fr

J.P & Wanshot Editions

À l'attention de tous les passionnés souhaitant obtenir des informations précises rapidement.

À ceux qui aiment apprendre et qui savent profiter de l'expérience des autres pour s'enrichir intérieurement.

À vous, qui avec amour, allez rendre la beauté de ce monde accessible aux yeux de tous.

Johan

À propos de ce livre

Ce livre est un condensé des notions qui rendront n'importe quel apprenti photographe très rapidement efficace et original avec son réflex.

Cela fait maintenant 8 ans que l'auteur exerce la photographie, aujourd'hui basé dans un studio à quelques pas de Paris. Il a souhaité rassembler ses connaissances et son expérience pour faciliter, par cet outil, l'évolution des photographes débutants.

Entre recueil de savoirs, méthode de réflexion et outil technique, ce livre est le support idéal pour bien démarrer et gagner un maximum de temps.

L'auteur a souhaité mettre des exemples et illustrations afin de faciliter l'accès à un jargon parfois soutenu. C'est donc une mine d'informations vulgarisées.

Ce livre contient l'essence même de ce qu'un photographe doit savoir et offre la possibilité à tout un chacun d'y accéder.

À propos de l'auteur

L'auteur, Johan Pommelec, Photographe et Réalisateur, exerce depuis 2010. Il a commencé son activité par des évènements et des mariages.

En 2012, il développe son activité vidéo en parallèle et tourne des clips et court-métrages.

Les studios Wanshot voient le jour en 2015 et la société Wanshot Productions l'année suivante.

Depuis, entre shootings, films, formations et passions, Johan vit avec joie chaque seconde et cherche en chaque instant un souvenir à capturer.

Remerciements

À ma famille, mes amis, mes amours et ... à toi. Merci infiniment.

SOMMAIRE

1	- Le sujet	9
2	- La lumière	10
3	- L'exposition	13
4	- La sensibilité ISO	15
5	- La vitesse d'obturation	18
6	- L'indice de lumination (IL, Diaph, Stop et EV)	24
7	- Modes semi-auto et Manuel	27
8	- Correction d'exposition et Histogramme	34
9	- Focale et Mise au point	38
10	- Profondeur de champ	50
11	- Balance des blancs	53
12	- Luminosité contraste	55
13	- Les tons chauds et froids	57
14	- Le cadrage et les règles de composition	59
15	- Les réglages d'enregistrement	63
16	- Tailles, poids, résolution et format	66
17	- La programmation des modes utilisateurs	68
18	- Glossaire - Vocabulaire de photographie	70
19	- En savoir plus - Liens et Compléments d'information	78

'Suggérer c'est créer.

Décrire c'est détruire.' R. DOISNEAU

1

Le sujet

Le sujet est l'élément que nous voulons mettre en valeur dans notre photographie, c'est l'élément qui aura l'importance face aux réglages que nous allons opérer.

'L'émotion est notre lumière intérieure.

Donne de la couleur à ta vie.'

2

La lumière

Qu'est-ce que la lumière ?

La lumière est une onde qui rebondit sur les objets et nous permet de les voir quand elle est captée par notre œil. Pour ce qui nous intéresse ici, elle est captée, après avoir été filtrée, découpée et modelée par les différents outils situés avant le capteur.

Les différents outils travaillant sur la lumière sont l'objectif, l'obturateur ou rideau, les filtres et tout ce que nous pouvons placer entre le sujet et le capteur.

La lumière est l'élément primordial du photographe.
Sans lumière pas d'image, "pas de bras pas de chocolat".

Elle peut provenir de différentes sources :
- le soleil (dite lumière naturelle) et indirectement la lune également, les reflets,
- les flashs,
- l'éclairage continu contrôlé type panneau LED, mandarine, toute forme de lampe etc...
- les éléments naturels : feux, flammes, bougies, briquets, éclairs
- l'éclairage continu artificiel non contrôlé de lampadaire, feu tricolore...

La lumière est un rayonnement qui peut être maîtrisé afin d'optimiser le rendu de votre image.

Elle fait partie des éléments qui influent sur votre réglage qu'elle soit naturelle ou artificielle.

La lumière rebondissant sur les objets et matières qui nous entourent perd de la puissance lumineuse et une partie de son rayonnement de couleur (note : la lumière blanche est constituée de 7 couleurs, ref : arc-en-ciel et les couleurs que nous voyons sont celles qui n'ont PAS été absorbées par les objets).

Parfois, il faudra contrer cette perte de luminosité ou ce déséquilibre de couleurs en ajustant certains réglages dans votre appareil.

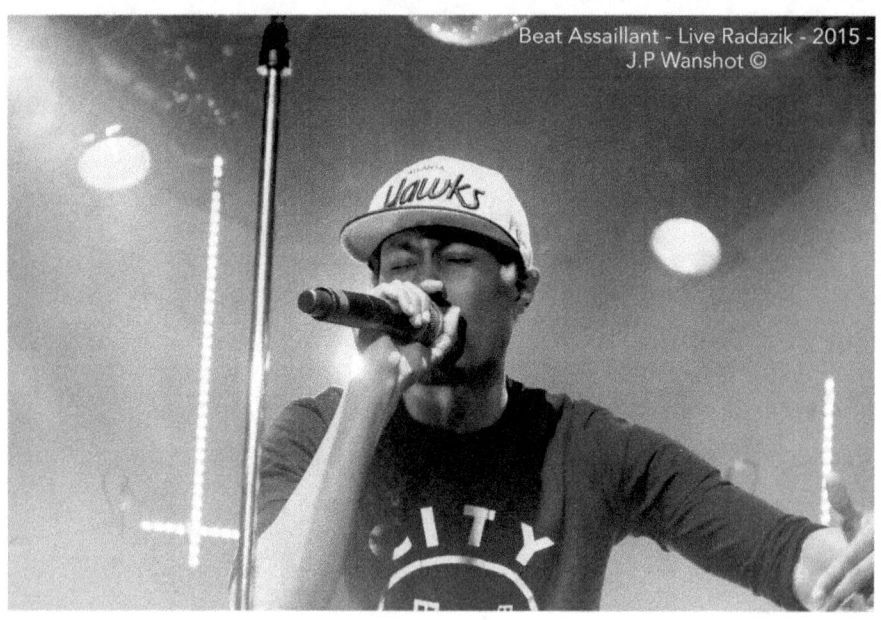

Beat Assaillant - Live Radazik - 2015 - J.P Wanshot ©

'Seule l'exposition intérieure permet de briller' Paulo Coelho

3
L'exposition

L'exposition est la quantité de lumière reçue par le capteur au moment du déclenchement.

La lumière devant atteindre le capteur passe d'abord par l'objectif ensuite par ce que l'on appelle un rideau et ensuite elle arrive sur le capteur.

Ces différentes étapes nous permettent d'agir sur la quantité de lumière, comme un entonnoir canalise un flux et un robinet découpe des portions d'eau, la lumière devra être soigneusement gérée.

Dans l'objectif nous trouvons le diaphragme, qui a la même fonction que l'iris et se resserre pour diminuer la quantité de lumière entrante.

Dans le boîtier, nous trouvons l'obturateur qui selon sa vitesse, découpera un fragment de ce rayon lumière et permettra au capteur situé derrière, de recevoir la portion nécessaire de lumière.

On dit que l'image est surexposée quand elle reçoit trop de lumière, on dit qu'elle est sous-exposée quand elle n'en reçoit pas assez.

Nous verrons un peu plus tard comment repérer la surexposition et la sous-exposition sur nos photos grâce à l'histogramme (Chapitre 8) et comment corriger notre prise de vue pour être dans les meilleures conditions pour attaquer le post-traitement de notre photo.

'La photographie est l'expression des sens, l'imagination est celle de l'esprit'

4
La sensibilité appeler aussi l'ISO

On parle de la sensibilité du capteur. Plus l'indice de sensibilité est élevé, plus la luminosité de la photo est élevée :

si on règle à 400 ISO elle sera 2 fois plus lumineuse qu'à 200 ISO et 3 fois plus qu'à 100 ISO. Avant l'indice de référence était appelé ASA (voir Chapitre 18)

La sensibilité ISO est importante pour gérer le grain de l'image.

Le grain appelé aussi bruit rend l'image très laide. Il y a donc un ratio entre luminosité, sensibilité, vitesse d'obturation et ouverture du diaphragme à jauger pour garder sa photo «belle».

Pour une belle qualité on augmentera l'ISO en dernier recours.

Selon les appareils, le capteur et le type de traitement de réduction de bruit utilisé par le fabricant, un boîtier pourra monter plus haut en sensibilité qu'un autre pour la même tolérance personnelle de bruit.

C'est à vous de déterminer votre tolérance de grain, seuil à partir duquel vous considérez réussie votre photo.

C'est pour cela qu'il est important d'éduquer son oeil à la beauté et à ce qui vous fait vibrer profondément.

Pour trouver le seuil de tolérance propre à votre appareil, il vous faut tester une même photo en haute, moyenne et basse lumière à tous les niveaux de sensibilité puis déterminer la limite acceptable.

Il sera possible de tolérer un peu plus de bruit suivant la situation.

Par exemple :

On tolérera plus facilement un peu de bruit sur photos en concert LIVE avec peu de lumière que sur un portrait en studio.

Faites attention aux zones d'ombre plus sensibles à l'apparition de bruit et rappelez-vous qu'il faut vraiment minimiser l'impact du bruit sur vos photos par vos réglages. En numérique le bruit est désagréable.

'Un temps n'est donné que quand il est utile.'

5
La vitesse d'obturation ou temps de pose

La vitesse d'obturation, appelée aussi temps de pose, se mesure en secondes ou fractions de seconde sur votre appareil. On appelle vitesse d'obturation le temps d'ouverture du rideau face au capteur.

Cette vitesse permet de gérer trois éléments :

- La clarté (quantité de lumière)

- Le flou de mouvement

- Le flou de sujet

5.1
La clarté

C'est le résultat de la quantité de lumière envoyée sur le capteur pendant le temps de pose.

Plus le rideau est rapide, moins la quantité de lumière entre.

Plus le temps de pause est long, plus la lumière a le temps d'imprégner celui-ci.

Pour que la photo soit belle, il nous faut gérer la durée :

trop long = image blanche

trop court = image noire.

5.2
Le flou de mouvement

Ce flou est dû à une mauvaise stabilisation appareil ou de vous-même. Il en résulte une image complètement floue et rend inexploitable la photo. Pour éviter cela, nous avons deux solutions :

- la première est d'augmenter la vitesse d'obturation,
- la seconde est de mettre votre appareil sur trépied.

Astuce :

Si vous avez votre boîtier à la main, il faut mieux rester à une vitesse supérieure à 1/80 (ex: 1/100, 1/160, 1/200, 1/250 etc..), avec l'expérience vous pourrez petit à petit ajuster votre vitesse à votre stabilité.

5.3
Le flou de sujet

Comme son nom l'indique c'est un flou dû au sujet ou à un autre élément en mouvement.

Il en résulte une image partiellement floue là où se situe le sujet. Cela peut être un choix artistique à régler en amont pour obtenir ce résultat, ou bien, il faudra jouer sur la vitesse pour réduire au maximum cet effet.

Sur votre appareil vous verrez écrit :

1/8000... 1/500, 1/400, 1/200, 1/100, 1/25, 1/4 ce qui correspond à une fraction d'une seconde.
Ce sont les valeurs les plus rapides.

0"3, 1", 4"...25", 30" etc... qui correspondent aux valeurs positives en seconde et sont les valeurs les plus lentes.

Par exemple :

Si vous devez prendre en photo un sprinter, il faudrait être dans les valeurs les plus rapides. Si vous voulez prendre en photo les étoiles, il vous faudra être dans les valeurs les plus lentes.

Moins il y a de lumière, plus on va laisser de chance à la petite lumière présente d'atteindre le capteur.

Pour rappel :

La lumière est une onde qui se propage. Le seul moyen de la capturer est de déterminer :

• le diaphragme (l'ouverture),
• la sensibilité (ISO)
• le temps de pose (l'obturateur).

Le 4ème moyen est de pouvoir contrôler cette onde et de régler son intensité. L'ensemble de ces paramètres contrôle l'exposition de notre photo.

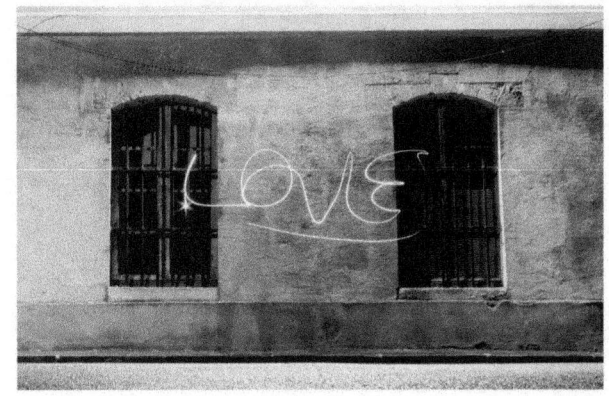

Love - Pose longue
J.P Wanshot © 2017

'La couleur est un rejet de lumière,

qui parfume l'oeil.'

6
L'indice de lumination (IL)
appelé aussi Diaph, Stop ou EV

Que sont tous ces mots ?

L'indice de lumination est une unité de mesure relative à la lumière par rapport à une photo de référence.

Par exemple :
Si je vous demande d'augmenter le volume de la radio de trois décibels, cette demande fait référence au volume déjà existant et je n'ai pas besoin de vous demander à combien est le volume précédent.

Il s'exprime en IL sous la forme de +1 IL par rapport à la photo de référence.
Sa valeur est égale à +1 IL = 2x plus de lumière.

Les paramètres de votre appareil permettant de faire entrer deux fois plus de lumière sont :

- la vitesse d'obturation,
- la sensibilité ISO,
- l'ouverture du diaphragme et
- Les sources de lumière.

ISO : de 100 à 200 = +1 IL

Vitesse : de 1/200 à 1/100 = +1 IL

L'ouverture : de F5.6 à F4 = +1 IL

Astuce :

Pour l'ouverture, +/- 1 IL = trois crans de molette à gauche ou à droite, ex. de F11 à F16 = trois crans à droite = -1 IL

À la différence des autres paramètres, pour l'ouverture, il existe une échelle de focale permettant de faire rentrer 2 fois plus de lumière dans votre boitier.

+ 1 IL   <<<<< sens d'ouverture >>>>>   -1 IL

Echelle de focale : F1   F1.4   F2.8   F4   F5.6   F8   F11   F16   F22

On parle également de diaph, de stop ou EV (Exposition Value) pour faire référence à cette notion.

'Percevoir la lumière en soi malgré les coins sombres.'

7
Modes semi-auto et manuel

Gérer les Modes : priorité à la vitesse, priorité à l'ouverture, programme et manuel

Comment gérer les différents modes de votre appareil ?

Tout d'abord, tirer un trait sur le Mode Automatique ou les différentes scènes.
<u>Votre but en tant que photographe est de comprendre ce que vous faîtes.</u>

Les différents modes :

- mode programme représenté généralement par un P,

- mode priorité à l'ouverture représenté généralement par A ou Av

- mode priorité à la vitesse représenté généralement par S ou Tv

- mode M manuel

7.1
Mode programme

Le mode programme est un mode semi-automatique qui gère l'exposition en vous laissant la main sur certains éléments.

Il vous propose des couples vitesse/ouverture ou encore l'activation ou non du flash.

Cela permet d'assurer un certain niveau de lumière dans le cas où nous avons des changements réguliers d'exposition (ex: évènement, reportage etc…).

7.2
Mode priorité à l'ouverture

Le mode priorité à l'ouverture permet de garder l'ouverture sélectionnée et laisse l'appareil adapter les autres paramètres automatiquement par rapport à la situation. C'est le meilleur outil pour gérer la profondeur de champ.

Astuces :

Pour une grande profondeur de champ : premier plan, sujet, arrière-plan le tout net, il faut utiliser une petite ouverture, pour cela il faut que le nombre suivant F soit grand (< F11) (réglage à affiner selon votre situation).

Pour une faible profondeur de champ : premier plan flou, sujet net, arrière-plan flou, il vous faut utiliser une grande ouverture, pour cela il faut que le nombre soit petit (>F5.6) (réglage à affiner selon votre situation).

Ensuite il est possible selon les besoins d'augmenter la sensibilité et de réduire la vitesse pour gagner en luminosité.

7.3
Mode priorité à la vitesse

Ce mode priorité à la vitesse permet d'avoir la main sur la vitesse d'obturation et l'appareil s'occupe d'adapter les autres paramètres à votre sélection. Il est pratique pour shooter dans l'action et vous assurera un rendu net si c'est votre priorité.

Il permet aussi de développer sa créativité (ex. temps de pose long). Dans l'action, pour le sport par exemple, il vous faut imposer la vitesse et l'appareil gèrera le reste des paramètres.

Attention quand même, il se peut que vous ne puissiez pas avoir assez de lumière. Dans ce cas, votre appareil vous le notifiera avec une écriture rouge ou l'indice d'ouverture clignotant.

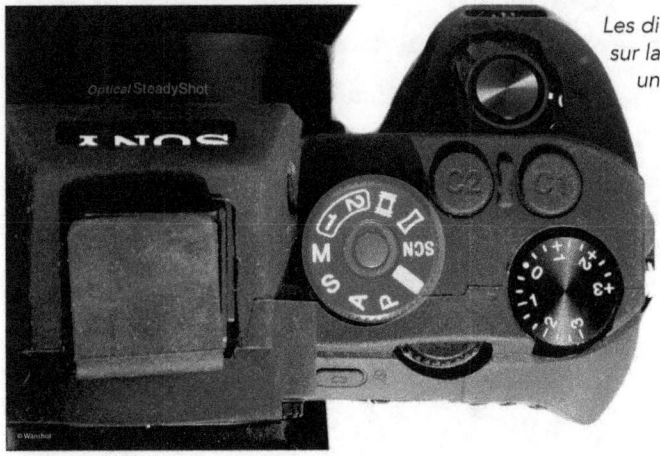

Les différents Modes sont sur la molette dont voici une vue du contre.

7.4
Mode manuel

Dans ce mode les fonctions sont à déterminer soi-même. Il permet, quand on maîtrise les différents éléments influant sur l'image, de se créer un univers personnel ou de s'adapter avec imagination aux conditions les plus difficiles.
Il vous faudra du temps pour le maîtriser, c'est pourquoi, je vous conseille de commencer par les modes vu précédemment.

Astuces :

1 - Besoin de lumière (intérieur ou nuit) : Augmenter l'ISO (selon la tolérance du bruit), réduiser la vitesse et utiliser un pied, la focale est à régler selon le sujet (paysage < F 16, visage F 5.6) et si besoin rajouter de la lumière (artificielle), (réglage à affiner selon votre situation).

2 - Fixer le mouvement (un sportif) : Augmentez la vitesse (<1/500), augmentez l'ISO si besoin (réglage à affiner selon votre situation).

3 - Flou bokeh (devant et derrière le sujet) : Réduire la focale (>F 5.6), rapprochez-vous du primer plan, éloigner le sujet du premier et troisième plan (réglage à affiner selon votre situation).

4 - Moins de lumière (coucher de soleil) : Réduire l'ISO (100), augmenter la focale (< F 16), augmenter la vitesse (1/500) et utiliser un filtre ND qui permet de réduire encore l'entrée de la lumière (réglage à affiner selon votre situation).

Voici les principaux réflexes à saisir pour commencer en mode manuel.
Nous aborderons plus profondément ces notions lors d'une formation vidéo sur « Photographe**Facile**.fr ».

Robe rouge et noire - 2011
J.P Wanshot©
Flou Bokeh derrière le sujet

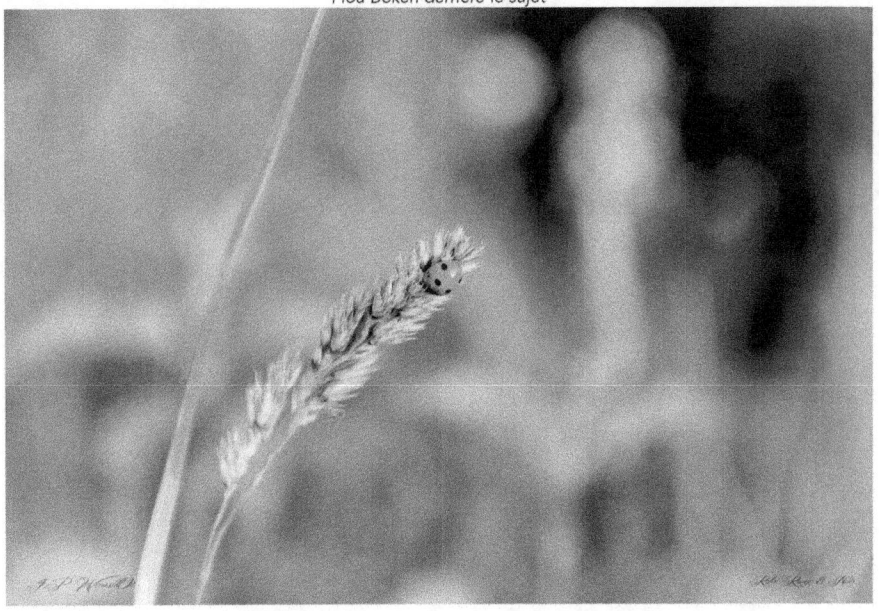

'Ne laisse pas le bruit de l'esprit parasiter la vision du coeur'

8
La correction d'expo et l'histogramme

8.1
La correction d'exposition

L'exposition que l'appareil corrige tout seul.

Pour faire simple, votre appareil a un système automatique qui lui permet de calculer la lumière entrante afin de vous proposer des paramètres ajustés suivant les conditions de l'image.
Ce système calcule l'exposition de votre scène par un principe de moyenne de gris de votre image.

En gros il prend toute votre image en noir et blanc, c'est la moyenne des gris qu'il réajuste. Par convention, ce gris moyen est appelé gris 18%.

Une fois que ce réajustement est fait, il considère que votre image est correctement exposée mais parfois ça foire.
Quand ça ne fonctionne pas correctement, il faut aller dans les paramètres de la fonction pour corriger de plus ou moins 1 ou 2 l'exposition de votre image.

Par exemple :
La neige, pour qu'elle reste blanche, il faudra souvent corriger votre photo sinon elle risque de virer au gris.

8.2
L'histogramme

L'histogramme est un graphique d'analyse de la répartition des gris et couleurs RGB (quand cela est disponible) sur votre photo. Les tons les plus clairs sont à droite, les tons les plus foncés sont à gauche.

Plus la crête est haute, plus ces tons sont présents sur votre image.

Si la crête de votre graphique est complètement à droite, votre photo est surexposée. Si la crête de votre graphique est complètement à gauche, votre photo est sous-exposée.

Il est présent sur votre appareil ainsi que sur les logiciels de retouche tels que Lightroom par exemple.

Astuce :
Pour pouvoir travailler votre photo facilement en post-traitement, il est conseillé de faire en sorte que votre crête soit centrée voire légèrement plus sombre. Cela vous permettra d'avoir une marge de correction optimale pour pousser l'exposition vers les tons clairs. Cette technique s'appelle mettre l'exposition à droite.

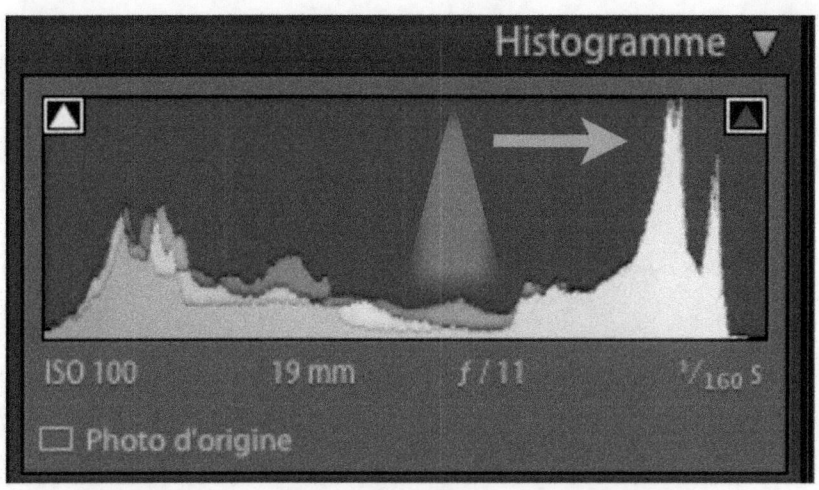

Histogramme sur Lightroom ayant déjà subit une correction de l'exposition vers la droite.

'Ce qui trouble le coeur

floue la prise de décision'

9
La focale et la mise au point

9.1
La focale

Qu'est-ce que la focale?

La focale, ou plus précisément la longueur focale ou distance focale, est la mesure en millimètre entre le centre optique (la lentille qui grossit l'image) de l'objectif et le capteur de l'appareil.

Elle est écrite sur l'objectif et représente la puissance de grossissement.

C'est simple, plus la longueur focale est courte (ex. 14mm), plus votre champ de vision sera grand.

Plus la distance focale est importante (ex. 200mm), plus vous serez serré sur votre sujet.

On appelle les focales courtes des grands angles et les longues focales des téléobjectifs.

On considère grand angle les focales jusqu'à 40 mm, ensuite viennent les optiques normales jusqu'à 200 mm et au delà nous sommes dans les téléobjectifs.

Il existe deux types d'objectifs :

- les zooms (à focale variable ex. 70-200mm)
- les focales fixes (ex. 100mm)

Ils ont chacun leurs avantages et leurs inconvénients, nous verrons comment adapter l'objectif à nos besoins lors d'une de nos formations vidéo.
(voir chapitre 19)

La longueur focale joue également un rôle important dans la profondeur de champ. Elle permet d'accentuer le flou derrière le sujet ou au contraire de réduire à l'infini cette profondeur pour aplatir l'image.

Objectif : Sony
Longueur focale : Zoom18-105mm
Ouverture : F4
Monture : E

Astuce :
Pour référencer les qualités des objectifs, les marques utilisent des lettres pour définir des séries.

Attention :
Renseignez-vous bien, ce n'est pas parce qu'une optique a la forme et la lettre d'une série de qualité (comme ici : G), que c'est forcément la bonne. Dans cet exemple **CE N'EST PAS une série G MasterTM**. Oui, SONY "active" son logo d'un contour rouge pour signaler que l'objectif fait partie de la série.

9.2
Le capteur

Parlons maintenant du rapport entre le capteur et la focale.

Par standard, le capteur de référence est le Full Frame appelé aussi 35mm ou 24x36 (sa taille en mm), mais tous les capteurs ne sont pas de cette taille.
Il existe d'autres capteurs comme le Moyen Format, l'APS-H, l'APS-C, le Micro 4/3 et le 1" (liste non exhaustive).

En photographie numérique sur les appareils reflexs et hybrides, les plus utilisés sont le Full Frame (FF), l'APS-C et le Micro 4/3 (M4/3).
Ces deux derniers capteurs sont plus petits que le FF.
La différence de taille entre le FF et les autres capteurs s'exprime par un *'coefficient multiplicateur'* appeler aussi *'coefficient de conversion'* ou *'ratio'*.

Voici leur rapport de valeur entre capteurs :

RATIO	Nom du capteur
1	**pour le full frame (FF)**
1.5 (1,6 chez canon)	**pour l'APS-C**
2	**pour le Micro 4/3**

Les objectifs FF sont conçus pour être montés sur des boitiers à capteur FF, standard correspondant à 1.

L' APS-C est un capteur environ 1,5 fois plus petit que le FF.

Le M4/3 est un capteur 2 fois plus petit que le FF.

Quand on monte un objectif FF sur un capteur plus petit, seule une partie de l'image peut être reçue par la surface sensible. L'image est donc découpée, on appelle ça un crop.

Cette découpe dans l'image est proportionnelle à la surface et donc, elle se calcule avec les ratios indiqués ci dessus.

Pour en parler on va généralement le répercuter directement sur la longueur focale, ce qui est plus simple.

Par exemple :

Pour un objectif d'une longueur de 20mm (FF), sur un appareil 7D Canon qui est un APS-C, donc au ration 1,6 (20x1,6) on dira que sa valeur perçue est de 32mm.

Astuce :

Le calcul

Focale (en mm) **x Ratio** (Capteur utilisé) **= Valeur Focale perçue** dans le viseur.

Pour le même cadrage avec le même objectif, plus mon capteur est petit, plus je dois m'éloigner de mon sujet.

Ce qui veut dire que suivant le cadre que je veux, je dois penser à ma configuration 'objectif **&** boitier' pour utiliser ces notions à son avantage.

Pour vous faire une idée rendu équivalent des valeurs perçues :

CAPTEUR	FF	APS-C	M 4/3
RATIO	1	1,5/1,6	2
LONGUEUR FOCALE	20mm	30/32mm	40mm
	50mm	75/80mm	100mm
	100mm	150/160mm	200mm

Les types de capteurs par rapport au Full Frame

Indications dans l'ordre : nom du capteur / taille en mm Lxh / ratio ou coefficient de conversion

35mm full frame 36 x 24 1x

APS-H (Canon) 27.9 x 18.6 1.3x

APS-C 24 x 16 23.6 x 15.7 1.5x

APS-C (Canon) 22.3 x 14.9 1.6x

FoveonX3 20.7 x 13.8 1.7x

4/3 M4/3 17.3 x 13 2x

Nikon EVIL 13.8 x 10.38 2.5x

1/1 12.8 x 9.6 2.7x

1/1.2 10.67 x 8 3.24x

2/3 8.54 x 6.4 4.06x

1/1.7 7.53 x 5.65 4.6x

1/2.3 5.57 x 4.17 6.22x

9.3
La mise au point

Qu'est-ce que la mise au point ?

La mise au point, appeler également focus, est le réglage opéré sur l'objectif pour que l'image soit net. C'est un ajustement de la focale sur un point précis de la profondeur.

La mise au point est une mesure précise de distance, donc dès que le sujet ou l'appareil s'éloigne ou se rapproche, cette distance n'est plus bonne.

Ce réglage est fait à l'aide d'une bague sur votre objectif et peut-être effectué via deux modes :

- En manuel (c'est vous et votre œil qui déterminez la profondeur de la mise au point)
- En autofocus (c'est l'appareil qui détermine le point le plus juste sur le ou les collimateurs définis)

9.4
Les collimateurs

Qu'est-ce qu'un collimateur me direz-vous ?

Un collimateur, appelé aussi point d'auto-focus (AF), est un point de capteur qui analyse et ajuste la mise au point. Le boîtier possède plusieurs collimateurs, ils peuvent être activés de différentes manières selon la situation et vos préférences.

Par exemple :
Pour mes séances, je préfère en activer qu'un seul pour le placer sur l'oeil de mon sujet. Cela me permet d'être précis sur son visage et d'éviter que l'appareil recherche d'autres points d'ajustement.

9.5
Les différents modes de l'autofocus

L'autofocus, Focus mode automatique, convient à une majorité de situations car il permet de s'adapter rapidement aux changements qui peuvent survenir.
Par exemple : changement de cadre, déplacement du sujet, etc...

Il y a 2 modes principaux à l'autofocus, suivant les marques vous pouvez en trouver plus, ex. chez Canon il y en a trois.

Mode AF-S ou one shot
(simple, mode par default)

Ce mode permet, à mi-course du bouton de déclenchement, une zone de recherche de mise au point. Quand elle est validée, elle se fixe, permettant de terminer le déclenchement sur celle-ci précisément.

Par exemple :

la mise au point doit être faite sur un sujet à droite du cadre, on commence par faire la mise au point avec le collimateur sur le sujet. Puis après validation du point précis (signal sonore et/ou visuel) on peut réajuster son cadre remettant à droite le sujet sans perdre cette mise au point et terminer le déclenchement.

Mode AF-C ou Ai Servo
(continue)

Ce mode permet, à mi-course, pendant le déclenchement, de faire la mise au point continue sur un sujet pendant qu'il bouge jusqu'à ce que vous décidiez de prendre la photo.

Attention, l'autofocus a besoin de lumière et d'un point de contraste net pour pouvoir se fixer.
Veillez à ce point et visez avec le collimateur ce que l'appareil peut accrocher, sinon il peut chercher de quoi se fixer toute la journée.

Je m'explique

- si n'y a pas assez de lumière le capteur ne détectera rien, dans le noir il est comme nous.

- si il n'y a pas de différence nette et précise entre 2 couleurs différentes il ne détectera rien non plus.

Plus il fait sombre moins la différence entre deux couleurs peut-être distincte, donc n'étant pas sûr il va continuer à chercher.

Le ciel sans nuage, un mur tout blanc ou tout noir seront des problèmes pour lui.

Attention au mode Continue, selon les boitiers la précision n'est pas la même, ne demandez pas à une Twingo de se comporter comme une Ferrari.

Astuce :

Si vous avez un nuage réglez votre collimateur à la limite entre le nuage et le ciel, si vous avez un défaut dans le mur viser le, si vous avez une tâche ou un trait prenez cette référence.

Penser à être en mode Simple pour "viser puis recadrer", cette manoeuvre n'est pas possible en continu puisque la mise au point ne se fixe pas.

'Que la lumière soit le guide de vos inspirations.'

10
La profondeur de champ

La profondeur de champ est la valeur entre le point net le plus près et le point net le plus loin.

Elle est directement liée à l'ouverture de la focale et est très utilisée pour créer un flou artistique entre deux plans d'une photo.

Par exemple :
Vous avez deux personnages dans votre champ, l'un proche l'autre plus éloigné. Si vous désirez créer un flou sur le personnage proche, il vous faut gérer cette profondeur de champ.

Rappel :

Echelle de focale : F1   F1.4   F2.8   F4   F5.6   F8   F11   F16   F22

Les principes :

- Plus votre focale sera petite plus la profondeur de champ sera faible et inversement. Une focale ouverte F1.4 aura une profondeur de netteté plus petite qu'une ouverture à F8.

- Plus votre distance focale (ex. 100-300mm) est importante, plus la profondeur de champ est faible et peut offrir un beau flou artistique. Une focale de 100 mm permet une profondeur de champ plus prononcée qu'une focale de 24 mm.

- Plus la distance entre vos plans sera importante, plus votre flou sera prononcé.

Astuce :

Pour de beaux effets, pensez à une source de lumière au premier plan pour créer un joli effet et avoir un arrière plan légèrement plus clair que le sujet. Le contraste naturel mettra en valeur votre sujet sans forcer sur la retouche.

'L'équilibre des sens passe par l'équilibre du coeur.'

11
La balance des blancs

La balance des blancs sert à équilibrer les blancs captés par l'appareil et annuler les effets de certaines lampes artificielles afin de redresser la tonalité (chaud/froid) de l'éclairage.

La température de la lumière se mesure en °K (degré Kelvin) et oscille entre 1000°K (Rouge) et 11000°K (Bleu).

Pour faire votre balance des blancs prenez un mur uni blanc en photo, allez dans votre menu chercher la fonction "balance des blancs", puis "personnaliser" et prenez votre photo en référence.

Votre appareil calculera automatiquement le réglage adapté pour vos prises de vue à cet endroit. Il est important de vérifier sa balance des blancs à chaque changement d'environnement.
Il est possible d'utiliser la balance des blancs automatique {B/W} .

Rappel :
Votre but en tant que photographe est de comprendre ce que vous faîtes.

'Une photo est belle par ce qu'elle exprime, au delà de ce qu'elle montre.'

12
Luminosité & contraste

La luminosité est l'ajout ou le retrait de lumière.

On peut jouer sur cette luminosité soit artificiellement en ajoutant soi-même une ou plusieurs sources de lumière ou masquant les sources existantes.

Sois en post-traitement dans un logiciel tel que Lightroom ou Photoshop.

Le contraste est l'accentuation entre les noirs et les parties éclairées.

Retirer du contraste permet de lisser l'image, augmenter le contraste intensifie les couleurs, les noirs et chaque petite irrégularité.

À vous de voir ce que vous préférez comme rendu.

Attention :

Ne pas confondre la variation de la luminosité et celle de l'exposition.

La première est un dosage de lumière et se traduit par un ajout (ou retrait) de blanc sur l'ensemble de l'image.

L'exposition quant à elle est l'équilibre d'un ensemble de paramètres qui se traduit par plusieurs actions simultanées : rehausser l'éclairage (selon la température des blancs) + accentuer les tons et les couleurs.

'Les yeux expriment

le sentiment immédiat de l'âme.'

13
Les tons chauds, froids et les teintes

Les tons chauds sont apparentés à une couleur jaune orangé, les tons froids à une couleur bleutée. Jouer avec la température de la lumière permet de corriger certains effets dus à la luminosité naturelle ou à provoquer certains effets volontairement.

La correction de la teinte permet de rectifier l'image dans sa couleur. Les variantes sont rouge, bleu, vert et magenta.

Cela permet de rendre sa photo plus naturelle en présence de lumière artificielle ou d'harmoniser les couleurs de plusieurs boitiers ensemble.

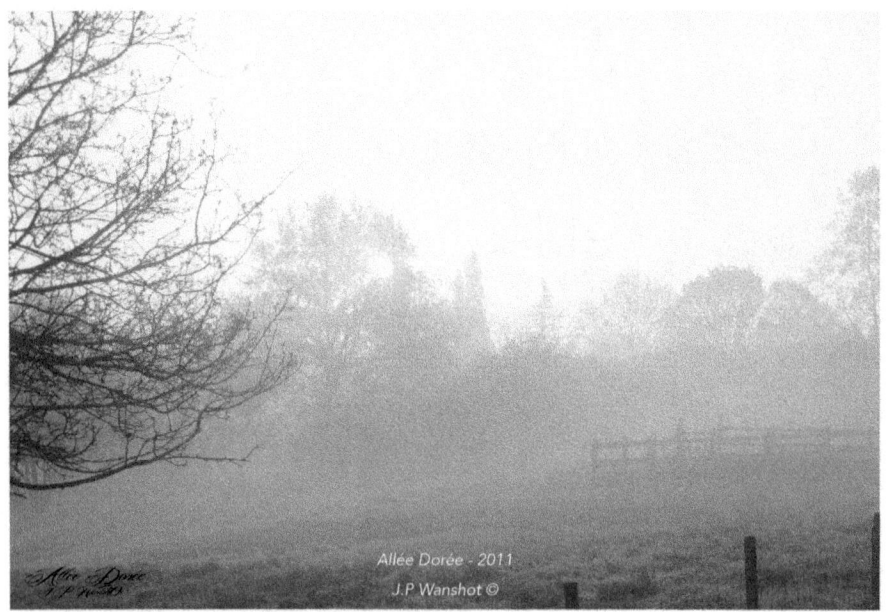

Correction des tons pour intensifier le ressenti de chaleur.

'La photographie est un instant disparu, que lumière ressuscite.'

14
Le cadrage, les règles de composition et la déformation optique

14.1 Le cadrage

C'est l'organisation des différents éléments dans le champ de l'appareil. Le placement d'un sujet, la pause, l'angle de prise de vue, la valeur du plan, toutes ces notions entrent dans votre composition, c'est votre cadrage. Il existe des règles de composition et des points sur lesquels il faut être attentif pour créer une certaine esthétique.

14.2 Quelques règles de composition

La règle des tiers :

C'est un principe de découpage en 3 parties verticales et 3 bandes horizontales de votre image. Ces lignes, appelées lignes de force, vous permettent de placer vos sujets dans votre composition de manière impactante. (voir photo / Règle des Tiers)

La symétrie :

C'est un principe qui permet d'équilibrer votre image sur n'importe quelle ligne médiane traversant votre cadre. (voir photo / La Symétrie)

Les triangles :

C'est un principe qui consiste à composer votre photo avec un maximum de triangles. Cela donne une dynamique et une profondeur à la photo.

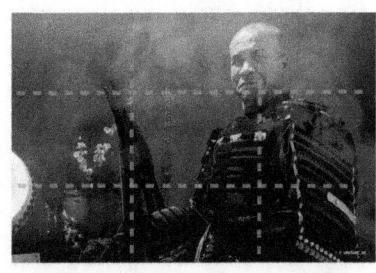

J.P Wanshot© 2016
Ex. Règle des Tiers
Michel Ribal

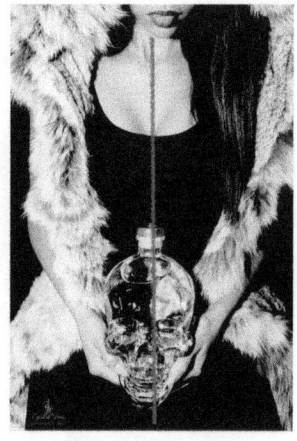

J.P Wanshot© 2012
Ex. La Symétrie
Laesha

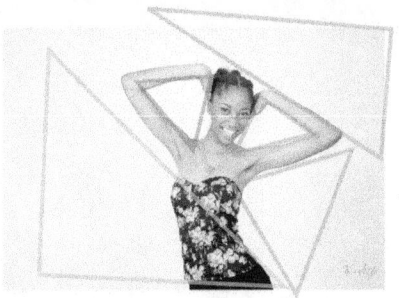

J.P Wanshot© 2015
Ex. Les Triangles
Ségolène

14.3

La déformation optique

Avec les focales courtes, votre photo va être légèrement bombée, c'est ce que l'on appelle la déformation optique. C'est dû essentiellement à la forme arrondie de la lentille (ou caillou) qui étire plus ou moins votre image sur les bords.

Astuce :

On préfèrera des focales de 50 mm ou plus pour des portraits.

Votre sujet ne subira pas cette déformation.

Il existe des corrections de déformations en post-traitement mais il est toujours préférable de ne pas avoir ce problème que de devoir prendre du temps à le régler en post-traitement.

'La photo d'un sourire est une lumière de vie qui rayonne pour l'éternité.'

15
Les réglages d'enregistrement

Les réglages d'enregistrement vont déterminer la qualité de votre image inscrite sur la carte mémoire.

Ils déterminent également vos possibilités de retouche en post-traitement.

Il existe sur vos boîtiers plusieurs qualités d'enregistrement.

Selon vos réglages, vous utilisez l'ensemble des capacités de votre appareil pour une qualité supérieure ou simplement une partie pour diminuer le volume de votre fichier et économiser votre stockage.

Il existe plusieurs formats d'enregistrement de l'image, le plus connu étant le JPEG. C'est un enregistrement compressé avec une perte partielle d'information.

Pour travailler une photo de grande qualité, le professionnel choisira le format dit RAW - format sans compression - de type .CR2 (Canon), .NEF (Nikon), .RW2 (Panasonic) ou encore .ARW (Sony) suivant les marques.

Celui-ci permet d'avoir beaucoup plus d'informations sur l'image (couleurs, nuances de gris etc) et augmente considérablement les possibilités de retouches plus poussés.

Il est aussi 5 à 6 fois plus lourd (en Mo) que le JPEG de la même photo en sortie de boîtier. Suivant le boitier il peut peser 30 Mo.

'L'appareil photo est le dictaphone de l'univers, il capture des milliards d'informations pleines de sens car tout est dans la lumière.'

16
Taille, poids, résolution et format

La taille :

Quand on parle de taille on se réfère aux dimensions hauteur par largeur que ce soit en cm, en mm.

Le poids :

On parle ici du volume d'information numérique en Mo (Méga octets) que votre image transporte. C'est le résultat direct des réglages de taille et définition choisis.

Pour exemple :
" - La photo que je t'envoie est trop lourde pour un mail, elle fait 27 Mo. "

La résolution :

On parle ici de la quantité d'information exprimée en pixel (ou dots) sur une surface de référence qui est le pouce (inch). Plus il y a de pixels dans votre inch plus vous aurez de détails et donc meilleur sera la qualité. La résolution s'exprime en ppi à l'écran et en dpi pour ce qui est imprimé.

Pour exemple :

" - Cette photo doit être envoyée au format 20x30cm à 300dpi minimum pour être tirée telle quelle est à l'écran."

Le format :

On entend par format le ratio longueur / largeur de l'image. On parlera d'un format 4/3 pour les formats classiques type 20x30, d'un format 1:1 un format carré type Polaroïd ou encore d'un format 1/3 pour du panoramique par exemple (liste non exhaustive).

'Les couleurs sont les intonations du langage lumineux.'

17
La programmation de mode utilisateur

La programmation des modes Utilisateur vous permet de programmer et enregistrer des réglages précis dont vous avez besoin régulièrement.
Sur les boîtiers Canon il est indiqué par les fonctions C1 C2 C3, sur les boitiers Nikon c'est U1 et U2 et chez Sony c'est représenté par 1 et 2.

Cette fonction est pratique lors de certains shootings pour passer rapidement d'un réglage à l'autre. Cela ne bloque en rien les possibilités de modifications pendant la séance. Les ajustements de réglages au fur et à mesure sont automatiquement annulés en cas de veille ou d'extinction de l'appareil. Les paramètres enregistrés reprenant leur priorités.

Astuce :

Quand on shoote en studio ou à domicile, il est commode de préparer sa configuration pour être efficace à l'installation et assurer sa série de portraits par exemple. Pour cette configuration, je vous conseille d'avoir un ou deux réglages Utilisateur enregistrés pour être le plus réactif possible.

'Un mot se reçoit,

une photo se ressent.'

18
Glossaire

Le vocabulaire de la photographie

Aberration :

L'aberration est un défaut la photographie. C'est un problème de couleur de netteté ou de forme. Elle peut provenir de l'optique qui déforme l'image ; on appelle ça l'aberration sphérique ou rendre mal les couleurs, on parle alors d'aberration chromatique. Ça peut être également dû aux boîtiers bon marché.

Analogique / Argentique :

La photographie argentique appelée aussi photo analogique est un procédé de photographie par exposition de film sensible à la lumière. Ce film est également appelé pellicule et son procédé de tirage est le développement de négatif. Le format le plus connu des pellicules est le 24X36 dit aussi 35mm.

Angle de vue / Champ :

L'angle de vue, aussi appelé champ, est la taille de l'angle d'optique permettant de capturer la scène devant l'objectif. L'angle de vue est intimement lié à la focale. Plus l'angle est grand, plus on aura d'éléments dans notre scène.

APN :

Abréviation pour Appareil Photo Numérique, ce sigle désigne tous les appareils fonctionnant avec un capteur numérique.

ASA :

Sont les initiales pour American Standard Association définissant l'échelle américaine de la sensibilité des surfaces qui aujourd'hui à été remplacée par les ISO, référence international.

ISO :

Sont les initiales pour International Standard Organisation qui a remplacé le système ASA. C'est une unité de mesure de la sensibilité des surfaces (donc du capteur) pour les APN.
Plus la valeur est élevée, plus le capteur est sensible à la lumière.

Autofocus :

C'est le terme utilisé pour la fonction de mise au point automatique.
Retrouvez les différents modes d'autofocus et comment s'en servir dans le chapitre 10.

Le cadrage :

Cela correspond à la disposition et l'organisation des sujets et du décor dans le viseur, le cadre - ce placement donne vie à votre image.
Pour une bonne composition il faudra faire preuve d'équilibre, d'originalité, de créativité, de profondeur en variant le niveau de prise de vue et l'éloignement du ou des sujets ou encore le type de cadrage. À retrouver au chapitre 16.

La colorimétrie :

C'est la mesure de la couleur et les réglages sur la photographie de cette dernière.

Le capteur :

Un capteur, en photographie, est le composant qui reçoit et convertit la lumière en un signal électrique.
Une fois traité on obtient une image numérique sur laquelle les couleurs sont des valeurs numériques. À retrouver au chapitre 14.

Contre jour

Le contre-jour est quand la lumière principale provient de derrière le sujet et augmente directement l'exposition de votre photo. Le sujet est alors assombri.

Déclencheur

Outil permettant d'actionner la prise de vue sans toucher l'appareil, télécommande de déclenchement.

Diaphragme

Mécanisme à lamelles permettant de moduler la quantité de lumière (l'intensité) atteignant le capteur. C'est l'ouverture du diaphragme qui garde sa valeur en Mode « priorité l'ouverture » "Av"

Exposition

Quantité de lumière totale atteignant le capteur. Elle est le résultat du réglage entre l'ouverture du diaph, le temps de pose, la sensibilité et l'intensité de la lumière. À retrouver au chapitre 3.

Hyperfocale

L'hyperfocale est la distance entre l'appareil et le point le plus proche où un sujet sera net lorsque la mise au point est réglée sur l'infini.

Obturateur

L'obturateur, appeler aussi rideau, est un système mécanisme permettant de contrôler la durée d'exposition du capteur à la lumière.

Posemètre

Un posemètre est un appareil de mesure d'exposition lors d'une prise de vue. Le posemètre calcule et donne les meilleurs paramètres de l'appareil pour une exposition donnée.

Saturation

La saturation exprime la pureté de la couleur, en l'augmentant on intensifie la puissance de la teinte.

Sous-exposition

Une image est sous-exposée lorsqu'elle n'a pas suffisamment de lumière entrante, au point qu'elle est trop sombre, voir noir. Quand les tons foncés de la photo ne se distinguent plus du noir, on dit que les noirs sont "bouchés".

Surexposition

Une image est surexposée lorsqu'elle a trop de lumière, elle est très blanche on dit qu'elle est "cramer".

Vignettage

Le vignettage est un assombrissement des bords de l'image dû à un réglage de l'objectif. C'était un défaut qui est devenu un effet sympa et naturel avec les années. Cet effet peut donner un style à votre photo mais il est conseillé de le rajouter en post-traitement pour un travail ajusté à votre goût.

> 'Une photographie rend ce qu'on lui offre avec précision.'

19
En savoir plus, liens et contacts

Sur les réseaux

- Photographe Facile -

- Les Studios Wanshot -

- Wanshot Productions -

FB - Instagram - Club Privé

LES SITES

Wanshot.fr

Photographe Facile.fr

CONTACT

Contact.wanshot.fr@gmail.com

Formation - Consulting - Prestation sur mesure

Auteur de l'ouvrage et des photographies :
Johan Pommelec
J.P Wanshot ©
Tous droits réservés

Des Bases Solides
Comment maîtriser les bases de la photographie facilement ?

Septembre 2018
Collection -Photographe Facile -
Wanshot.fr
J.P & Wanshot Editions

www.ingramcontent.com/pod-product-compliance
Lightning Source LLC
Chambersburg PA
CBHW070317230526
45470CB00002B/914